LA VÉRITÉ

RÉCUPÉRANT SES DROITS

M. VIANNAY

CURÉ D'ARS

ET

MAXIMIN GIRAUD

Berger de la Salette

OU

LA VÉRITÉ RÉCUPÉRANT SES DROITS ;

Par M. L'Abbé BEZ,

Chanoine d'honneur de St-Diez et d'Evreux

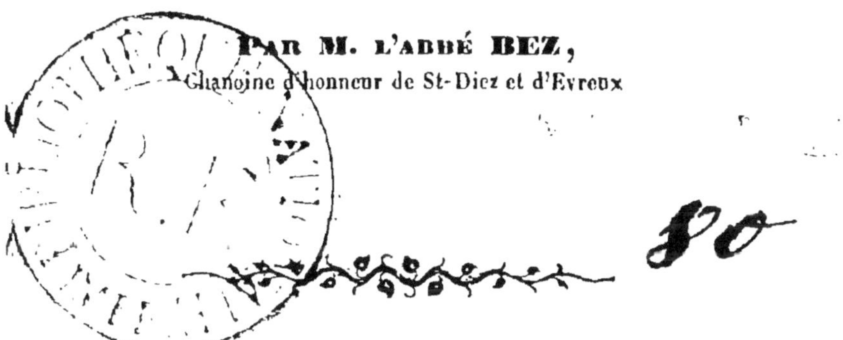

EN VENTE A LYON

CHEZ LES PRINCIPAUX LIBRAIRES.

1851.

LYON.   Imprimerie de C.L.ROL.

Approbation

DE MONSEIGNEUR L'ÉVÊQUE DE GRENOBLE.

MONSIEUR LE CHANOINE,

Je viens de lire votre manuscrit, j'en suis très content, et je le crois propre à dissiper les préventions et à faire taire les oppositions tant anciennes que nouvelles, relativement au fait de la Salette.

† PHILIBERT, Évêque de Grenoble.

Grenoble, le 22 janvier 1851.

Tout le monde connaît le fait extraordinaire, pour ne pas nous servir d'une autre expression, dont deux jeunes bergers, Maximin Giraud et Mélanie Mathieu, assurent avoir été les témoins, le 19 septembre 1846, sur le Mont-aux-Baisses, commune de la Salette, canton de Corps, département de l'Isère.

Depuis ce moment, ces deux enfants ont soutenu avec une persévérance des plus remarquables, avec une opiniâtreté sans égale la vérité du fait qu'ils racontent avec la plus ingénieuse simplicité, répondant aux difficultés qu'on leur oppose, détruisant les objections qui leur sont faites, avec un imperturbable sang-froid ; satisfaisant aux questions les plus curieuses, les plus épineuses, les plus longuement préparées par les personnes les plus instruites, les plus versées dans l'art de la dialectique et de la chicane, avec une rapidité, une promptitude, un jugement qui surprend, qui étonne et qui désarme ; en

sorte qu'une simple discussion avec ces jeunes
bergers, ne se termine souvent sans vous
porter à croire qu'ils ne peuvent être qu'ins-
pirés dans leurs réponses par celui qui éclaire
les esprits des simples, et donne de la science
aux ignorants.

Ils ont un secret qui leur a été confié par
la belle dame qu'ils ont vue, et qui a conversée
avec eux. Ce secret, quel est-il ? Eux seuls le
savent, et personne ne peut le leur arracher.
Cent mille personnes, au moins, ont voulu et
ont fait des efforts pour le pénétrer, et toute
curiosité pieuse ou incrédule est venue se
briser contre la prudente et religieuse réserve
de ces deux singuliers enfants.

En vain leur a-t-on fait les offres les plus
brillantes, les promesses les plus flatteuses.
En vain, Maximin, surtout, a-t-il eu dans les
mains des sommes d'or et d'argent, avec la
promesse sur l'honneur, et l'honneur d'un
prêtre éminent, de voir cette somme doublée
si son secret était seulement indiqué. Maximin, il est vrai, a pâli ; le hardi tentateur
croyait bientôt triompher de la faiblesse d'un
enfant. Mais, tout-à-coup, Maximin s'écrie :
« je ne puis. » Plus tard, il nous a avoué que

jamais il n'avait été soumis à une épreuve si forte et si séduisante, et qu'il aurait avoué son secret, s'il n'eût été retenu par une voix intérieure plus forte et plus puissante.

Ainsi, depuis plus de quatre ans, ces deux enfants luttent avec courage contre toutes les objections qui leur sont opposées, et toujours avec succès. Leurs adversaires réfléchis, sans préjugés, deviennent bientôt leurs admirateurs et partagent leur croyance. Un homme des plus instruits de notre France, homme grave s'il en est; homme qui, loin de se sentir attiré vers Maximin, éprouve pour lui une répulsion entière, parfaite, qui en a fait le portrait le plus repoussant et le plus vrai en même temps, homme de science et de vertu, Mgr. Dupanloup, actuellement évêque d'Orléans, dans une lettre (1) à un de ses amis, termine par ces mots l'examen attentif du fait rapporté par les deux bergers : « Si « j'étais obligé de me prononcer et de dire « *oui* ou *non*, sur cette révélation, et que je

____

(1) On peut lire cette lettre dans les *Nouveaux Documents* sur l'évènement de la Salette, par M, l'abbé Rousselot, page 73.

« dusse être jugé à ce sujet, sur la sincérité
« rigoureuse de ma conscience, je dirais *oui*
« plutôt que *non*. La prudence humaine et
« chrétienne me ferait dire *oui* plutôt que
» *non*, et je ne croirais pas avoir à craindre
« d'être condamné au jugement de Dieu
« comme coupable d'imprudence et de légè-
« reté. »

C'était en 1848, le 8 juin, que l'abbé
Dupanloup écrivait ces lignes. Depuis ce moment les deux bergers n'ont pas varié dans
leurs singulières assertions. Promesses, me-
naces, tout leur a été prodigué ; ils ont été
en butte aux plus dures épreuves, et toujours
de leur part, même fermeté, même assu-
rance, même fidélité à leur secret ; ce sont
des rocs solides contre lesquels les flots ora-
geux de l'Océan viennent tour-à-tour se
briser. Nous n'exagérons rien, nous ne fai-
sons que traduire les impressions de tous
ceux qui les ont interrogés sérieusement et
sans préventions.

Comment se fait-il cependant que tout-à-coup
le bruit se répand de proche en proche que
Maximin, l'intrépide Maximin, a déclaré que
pendant quatre ans il a soutenu un men-

songe , que tout ce qu'il a dit avoir vu le 19 septembre 1846, sur le Mont-aux-Baisses, est une fable ; que tout ce qu'il a raconté avoir entendu est un conte fait à plaisir , enfin qu'il a été un *menteur*. L'expression est dure, nous le savons même à l'égard d'un enfant , et surtout à l'égard d'un enfant de quinze ans, mais l'expression n'est pas trop forte, si réellement Maximin et Mélanie en ont imposé pendant quatre ans. Dans tous les cas, l'accusation circule ; partout dans notre grande cité et dans les environs on parle du démenti de Maximin. Les uns s'en réjouissent et nous ne savons trop pourquoi ; car enfin on devrait avant tout s'attrister d'avoir trouvé dans un enfant si jeune une habileté si précoce au plus infâme des vices, au mensonge , une force si impertubable à le soutenir, une effronterie si grande à le répandre, une astuce si étonnante à se jouer du public instruit et ignorant, et à échapper aux investigations minutieuses et nous devons dire scrupuleuses des hommes de tout état, de toute condition , et de toute portée. D'autres personnes s'inquiètent et avec raison, d'avoir été les dupes de deux ignorants petits bergers, de s'être laissées entraîner avec confiance à croire leur récit si circonstancié, si motivé par les détails qu'ils en donnaient, accompagné d'événements si divers, si extraordinaires, en sorte que le parti le meilleur qu'elles puissent prendre maintenant, est de ne rien croire, de ne rien approuver, de ne rien dire sur les faits étrangers qui peuvent venir à leur connaissance, et de laisser toujours, et dans toute circonstance, à l'autorité établie de Dieu et par Dieu le soin de régler leur croyance et de diriger leur foi. Nous approuvons infiniment cette conclusion; nous la recommandons à tout homme vraiment chrétien ; nous souhaitons du fond de notre cœur qu'elle soit la règle invariable de tous ceux qui ont à cœur de s'attacher à la vérité et d'éviter de la perdre dans les malheureux sentiers de l'erreur.

Mais est-il bien vrai que Maximin ait été convaincu de mensonge ? est-il vrai qu'il se soit démenti ? est-il vrai qu'il a avoué que pendant quatre ans, il en avait imposé au public en soutenant qu'il avait vu ce qu'il n'avait pas vu, qu'il avait entendu ce qu'il n'avait pas entendu ?

C'est la seule question que je veux exa-
miner dans cet écrit, et non pas d'autres. Je
ne me préoccupe d'aucun fait étranger à
cette accusation qu'on lui jette à la face. Et,
si dans la discussion de cette question, j'in-
voque d'autres faits, c'est que j'y serai obligé
pour la défense de l'honneur, de la réputation, de l'innocence de Maximin.

Qu'on y fasse bien attention, Maximin a
quinze ans et quelques mois; bientôt il en-
trera dans la vie civile, son nom est répété
dans toute la France, dans toute l'Europe,
dans toutes les parties du monde; s'il est in-
nocent, doit-il supporter la peine imméritée
de la réprobation universelle? faut-il qu'il
traîne après lui le signe de l'infamie, attaché
à l'imposture, au mensonge chonté? S'il est
coupable, nos efforts seront vains et inutiles.
Il a été imposteur, dans son enfance, qu'il
prenne garde à lui, nous n'osons pas dire où
peut l'entraîner, plus tard, la fatale route dans
laquelle il s'est laissé entraîner.

On demandera, peut-être, pourquoi nous
portons un intérêt si vif, si ardent même, à
cet enfant? L'intérêt!... Mais tout celui qui
est dû à l'innocence. N'est-ce pas assez? En de-

mande-t-on un autre à un avocat qui prend avec chaleur la défense d'un client injustement attaqué.

Il est aussi d'autres motifs que je dois dire et je les dirai de suite. Cet enfant en sortant d'Ars, où il était allé avec deux ou trois personnes pieuses, pour consulter le vénérable pasteur de cette paroisse sur sa vocation, est tombé entre nos mains ; nous nous connaissions déjà depuis plusieurs années ; en nous revoyant il se jeta dans nos bras avec un empressement si tendre, si naïf qu'il nous toucha le cœur ; je l'aimais déjà, dès ce moment cette amitié pour lui s'augmenta encore. Pour le mettre à l'abri d'une importune curiosité, il voulut lui-même changer de nom, de son propre mouvement il choisit le mien ; *je serai*, me dit-il, *votre neveu, vous serez mon oncle.*

Pendant huit jours il partagea mon humble demeure et mon modeste repas ; par les conseils d'un saint ecclésiastique, en attendant les ordres du vénérable évêque de Grenoble, je le plaçais dans un pensionnat chrétien avant tout pour le soustraire aux dangers de l'oisiveté, et toujours sous mon nom pour éviter les questions oiseuses de ses camarades d'étude, moins peut-être encore que celles de leurs parents qui n'auraient pas manqué d'apprendre bientôt qu'ils avaient avec eux le petit berger de la Salette, dont le nom avait depuis quatre ans un si grand retentissement. Je me suis donc accoutumé pendant un mois à regarder cet enfant comme un ami, comme un parent, en même temps comme un enfant que j'ai toujours cru, et que je crois encore privilégié de Marie. J'espère qu'on ne trouvera point surprenant à présent de me voir prendre la défense de Maximin, et qu'on ne s'étonnera pas que je prenne la plume pour repousser l'imputation de menteur et d'imposteur dont on le fait injustement l'objet.

Par qui Maximin est-il acusé de mensonge ?

Qui a reconnu que pendant quatre ans, il en avait imposé au public ?

Je ne sais ; j'ai sous les yeux des lettres authentiques écrites par des hommes graves, pieux, même d'une admirable sainteté, et pas une de ces lettres n'accuse Maximin de mensonge ou d'imposture. La plus grave, la plus compromettante c'est celle d'un homme dont la piété est au-dessus de toute atteinte et de tout soupçon ; c'est celle de l'admirable curé d'Ars, dont la réputation de sainteté s'est étendue bien au-delà de nos provinces, de ce bon pasteur dont le parfum des vertus évangéliques attire nuit et jour, depuis de longues années, une foule de chrétiens de tout âge, de tout sexe et de toute condition, empressée d'en respirer l'odeur.

Cette lettre, adressée à Mgr l'évêque de Grenoble, la voici ; nous la transcrivons tout entière, sans en retrancher une syllabe. Seulement, pour la comprendre avec exactitude, nous ferons remarquer que Mgr le vénérable évêque de Grenoble, ayant entendu répéter à droite et à gauche que Maximin avait déclaré à M. le curé d'Ars qu'il avait menti pendant quatre ans sur le fait de la Salette, s'empressa d'écrire à celui-ci pour savoir ce qu'il en était.

« Ars, 5 décembre 1850.

« Monseigneur,

« J'avais une grande confiance en Notre-
« Dame de la Salette; j'ai béni et distribué
« une grande quantité de médailles et d'i-
« mages représentant ce fait; j'ai distribué de
« la pierre sur laquelle la Ste Vierge se serait
« arrêtée, j'en portais continuellement sur
« moi et j'en ai même fait mettre dans un re-
« liquaire. J'ai parlé très souvent de ce fait à
« l'église. Je crois, Monseigneur, qu'il y a
« peu de prêtres dans votre diocèse qui ait
« fait autant que moi pour la Salette.

« Il n'est pas nécessaire de répéter à votre
« Grandeur ce que j'ai dit à ces messieurs (1).
« Le petit m'ayant dit qu'il n'avait pas vu la
« Sainte-Vierge, j'ai été fatigué un couple
« de jours.

« Après tout, Monseigneur, la plaie n'est

(1) M. Rousselot, vicaire-général et professeur
de morale au séminaire de Grenoble, et M. Mélin,
curé de Corps.

« pas si grande, et si ce fait est l'ouvrage de
« Dieu, l'homme ne le détruira pas.

« Je suis très heureux, Monseigneur, d'a-
« voir l'occasion de présenter à votre Grandeur
« mes très humbles respects, **de me recom-**
« mander à ses prières, **et de la prier de me**
« donner sa sainte bénédiction.

« Jean-Marie VIANNAY,

« Curé d'Ars. »

On connaît maintenant la lettre sur laquelle on prétend fonder l'accusation de
mensonge et d'imposture intentée à Maximin.

Quoi ! un vénérable prêtre lui demande
avec douceur : *mon ami, avez-vous vu la
Sainte-Vierge ?* et l'enfant répond naïvement
et simplement : *Non* ; et là-dessus, sur ce
simple monosyllabe, on accuse cet enfant
d'avoir été un menteur et un imposteur.

Mais à qui Maximin a-t-il jamais dit qu'il
avait vu la Sainte-Vierge ? Comment pouvait-
il le dire, puisqu'à peine il en avait entendu
parler jusqu'à ce moment ? Dans aucun récit
les deux enfants se sont-ils jamais servis du
nom de la Sainte-Vierge ? C'est toujours la

Dame , rien que la Dame , et pas une seule fois le nom de la Sainte-Vierge n'est sorti de leurs bouches, quand, pour obéir à la Dame, ils ont voulu faire connaître ce qu'ils avaient vu et entendu.

En tête d'une lettre qui nous a été communiquée, nous trouvons cette note écrite de la main du vénérable évêque de Grenoble :

« Maximin n'a jamais dit qu'il avait vu la « Sainte-Vierge (dont il n'avait jamais en- « tendu parler), mais une Dame qui, par son « langage et son élévation dans les airs, a « prouvé, d'après un million de catholiques, « prêtres, laïques, hommes et femmes, « qu'elle était véritablement la Sainte- « Vierge.

Signé : †)

Que l'on me permette ici une courte digression qui ne sera pas étrangère , je l'espère , à mon sujet.

Les personnes qui prétendent que Maximin et Mélanie ont inventé le fait de la Salette ont-elles bien réfléchies? De pauvres et simples bergers pleins d'ignorance , comme l'étaient alors ces deux enfants, auraient-ils eu la finesse, l'adresse de retrancher de leur récit le nom sacré de Marie, de la Sainte-Vierge, afin de rendre leur invention plus naturelle? Quoi! Ils veulent faire croire à tous qu'ils ont vu la mère de Dieu, qu'elle leur a parlé, et ils ne la nomment pas, et ils se taisent sur son nom! Franchement ces deux enfants ont plus d'esprit qu'on ne leur en suppose. Bien des hommes faits et instruits n'eussent pas été si adroits.

Dans tous les cas, ce n'est pas à M. le curé d'Ars seulement que ces enfants répondent négativement à cette simple question : *Avez-vous vu la Sainte-Vierge?* Cette réponse nous a été faite il y a quatre ans, quand pour la première fois, nous allâmes visiter les lieux et interroger les jeunes bergers ; elle a été faite à beaucoup d'autres, et on eut été surpris qu'elle n'eût point été faite au vénérable curé d'Ars.

Mais, si Maximin et Mélanie répondent négativement à cette première question : *Avez-vous vu la Sainte-Vierge?* Comment a-t-on pu conclure que réellement cette belle Dame, qu'ils soutiennent avoir vu et entendu, était la mère de Dieu. Le contexte de leur récit, toujours le même, toujours invariable, le prouve évidemment.

C'est ici que nous devons insérer une lettre en date du 7 décembre 1850, qui nous fut écrite de Grenoble par M. l'abbé Rousselot que nous avions interrogé pour connaître sur quoi était fondé le bruit du démenti prétendu de Maximin fait à M. le curé d'Ars.

« Monsieur le chanoine :

« Consolez-vous, Maximin n'a dit à **M.** le
« curé d'Ars que ce qu'il dit et répète de-
« puis quatre ans, que ce que dit et répète
« Mélanie, que ce que vous et moi avons
« écrit d'après nos longs et minutieux in-
« terrogatoires, savoir : qu'il a vu *quelque*
« *chose*, c'est-à-dire *une belle Dame qui lui a*
« *parlé et qui a ensuite disparu.* Par ces
« mots : *quelque chose*, il entend tout ce que
« contient votre récit, tout ce que contient
« le mien ; mais quand on lui demande s'*il*
« *a vu la Sainte-Vierge*, il répond que non.
« Et Pourquoi ? parce qu'il n'a su et compris
« que c'était la Sainte-Vierge qu'après avoir

« entendu dire à tout le monde que cette
« belle Dame n'était et ne pouvait être que
« la mère de Dieu ; qu'après avoir vu le
« concours des innombrables pèlerins qui
« venaient vénérer la *mère de Dieu* sur la
« montagne, qu'après avoir entendu parler
« des nombreux miracles qui s'opéraient par
« l'eau de la Salette et par les prières en
« l'honneur de Notre-Dame de la Salette.

« M. le curé d'Ars n'a fait que cette ques-
« tion à Maximin, et d'après la réponse de
« celui-ci, il en a conclu de suite que l'enfant
« mentait depuis quatre ans, que le fait était
« faux ; il s'est empressé d'en donner avis à
« Mgr l'évêque de Grenoble.... Cette con-
« duite du vénérable pasteur me paraît un
« peu légère. D'ailleurs, il a cru au fait sans
« l'avoir étudié, il a cessé d'y croire sur un
« fondement tout-à-fait ruineux.

Mais cet enfant qui maintenant et depuis
quatre ans est persuadé que la belle dame qui
s'est montrée à ses yeux, qui a causé avec lui
est la Sainte-Vierge ; pourquoi ne répond-il
pas affirmativement à cette question : Avez-
vous vu la Sainte-Vierge? Parce qu'il n'a rien
changé, ni rien voulu changer à son premier

récit, parce qu'il est, ainsi que Mélanie, tel-
lement exact dans tout ce qu'il raconte sur
le fait en lui-même qu'il craindrait de l'alté-
rer, de le diminuer ou de l'augmenter, d'en
changer la nature, en l'enrichissant de détails
ou de circonstances qui ne s'y trouvaient pas
primitivement.

Un jour causant familièrement avec lui et
cherchant à le corriger de son extrême légèreté : Mon ami, lui dis-je, je veux vous lire
ce que M. Dupanloup a écrit sur votre légèreté, ce portrait qu'il fait de vous est telle-
ment hideux, que j'ose croire qu'il vous fera
honte et que vous vous appliquerez à vous
corriger. Tout en lui parlant je cherchais la
brochure dans laquelle cette intéressante lettre
est insérée. Ne vous en donnez pas la peine,
me répondit l'enfant, je ne lis rien de ce qu'on
a écrit sur moi ; et pourquoi ? répliquai-je ;
c'est que l'on dirait bien ensuite que je re-
passe ma leçon.

N'est-ce pas là une preuve manifeste que
cet enfant tient à être ce qu'il était au moment de l'événement, et qu'il ne veut rien
changer, rien ajouter, rien diminuer de ses
premières impressions.

Veut-on maintenant connaître quelles furent les impressions de Maximin lorsqu'il apprit que le bruit de sa prétendue rétractation du fait de la Salette se répandait dans le public. Nous les trouverons dans une lettre écrite à M. Rousselot, partant avec M. Mélin, curé de Corps, pour interroger là-dessus M. le curé d'Ars.

« Grenoble, 6 novembre 1850.

« Monsieur et honorable ami,

« Je vous envoie ci-joint la déclaration de
« Maximin, au sujet de ce qu'on lui a fait dire
« tout récemment. Je lui ai expliqué le mo-
« tif et la portée de l'autorisation qu'il a
« écrite (1). Il voulait y ajouter quelques pa-
« roles à l'adresse de M. le curé d'Ars. Que
« veux-tu écrire ? lui ai-je dit : Laissez-moi
« faire, a-t-il répondu. Je vais mettre : *Ré-*
« *fléchissez bien à ce que vous allez dire : pour*
« *tout dire ce que vous avez entendu, et non*
« *pas ce que vous n'avez pas entendu.* »

(1) On trouve cette pièce plus loin.

« *Tenez, m'a-t-il dit encore, je crois que*
« *la chose se sera passée ainsi. Les Messieurs*
« *qui m'accompagnaient lui ont dit comment*
« *je me comportais et comment mon oncle se*
« *conduisait; un peu prévention, un peu qu'il*
« *ne m'a pas bien entendu, le premier mot*
« *que je lui ai dit, il a cru que c'était ça (le*
« *démenti). D'abord il m'a paru préoccupé*
« *avant de m'écouter, et puis, il m'a fait*
« *répéter deux ou trois fois les mêmes mots ,*
« *en me disant : Quoi ? — Eh ! — Je n'ai pas*
« *entendu, — pendant que je le consultais sur*
« *ma vocation. Moi-même j'avais de la peine*
« *à le comprendre. Ah ! Je voudrais bien*
« *y être (à Ars), a-t-il ajouté, en riant ;*
« *je lui dirais : Voyons , que vous ai-je dit ?*
« *je vous permets bien volontiers de le répéter.*

« — *Eh bien ! ça me fait bien plaisir ;*
« *c'est bon signe ; tout ce qui arrive sans peine,*
« *n'est pas l'œuvre de Dieu. Son Église a bien*
« *été persécutée ; à plus forte raison la Salette,*
« *qui est bien peu de chose en comparaison de*
« *l'Église. — Si M. le curé d'Ars continue*
« *à dire des choses que je n'ai pas dites, qu'ar-*
« *rivera-t-il ? Monseigneur me renverra de son*
« *séminaire, et je retournerai tranquillement*

« *garder mes troupeaux ; ça m'est égal. Mais*
« *jamais on ne me fera dire que je n'ai pas*
« *vu ce que j'ai vu, que je n'ai pas entendu ce que*
« *j'ai entendu, quand même tout le monde dirait*
« *le contraire, moi je dirais ce que j'ai tou-*
« *jours dit jusqu'à la dernière goutte de mon*
« *sang, jusqu'à la mort.*

« *Les Saints prouvent bien qu'ils sont hom-*
« *mes ; et ils se trompent comme les autres.*

« *Si j'avais eu à me dédire, est-ce que je ne*
« *l'aurai pas fait à ma première communion ?*
« *Quand M. Mélin m'a demandé : Est-ce vrai ?*
« *Je lui ai répondu : Oui, c'est bien vrai. Est-*
« *ce que je n'avais pas plus de confiance en*
« *M. Melin, que je connaissais bien et qui*
« *était bon pour moi, qu'en M. le curé d'Ars*
« *que je ne connaissais pas ?*

« Telles sont les réponses que l'enfant m'a
« faites aujourd'hui. Vous les trouverez peut-
« être étranges et étonnantes dans la bou-
« che d'un enfant. J'affirme que je n'y chan-
« ge rien ; je les écris comme elles me vien-
« nent à l'esprit.

« M'entendant dire à quelqu'un que Mon-
« seigneur était fort souffrant, il m'a dit à
« part : *Dites-moi ! c'est peut-être ça qui fatigue*

« *Monseigneur. Dites-lui bien de se rassurer,*
« *quand on croit tout perdu, c'est alors que*
« *tout sera relevé.*

« J'ai l'honneur d'être, Monsieur le vicaire
« général,

      « Votre très humble et très obéissant
      « serviteur,

            Auvergne,

               Chan.-hon-secrét.

En faisant le voyage d'Ars, MM. Rousselot, vicaire-général de Grenoble, et Mélin, curé de Corps, étaient porteurs de la déclaration suivante :

« Je soussigné Maximin Giraud, pour ren-
« dre hommage à la vérité et pour la plus
« grande gloire de Dieu, en l'honneur de la
« Sainte-Vierge, atteste les faits suivants :
« 1° Que je ne me suis pas confessé à M. le
« curé d'Ars ;
« 2° Que ni à la sacristie, ni derrière
« l'autel de l'église d'Ars, M. le curé ne
« m'a questionné ni sur l'apparition ni sur
« mon secret ; qu'il ne m'a dit que deux

« choses : que je devais retourner dans mon
« diocèse et qu'après une pareille faveur, je
« devais être bien sage ;

« 3° Que dans aucune réponse à M. le
« curé d'Ars, ni à M. Raymond, son vicaire,
« je n'ai rien dit qui fût contraire à ce que
« j'ai dit à des milliers d'autres depuis le 19
« septembre 1846 ;

« 4° Que je n'ai jamais dit que mon secret
« concernait le prétendu Louis XVII ;

« 5° Que je persiste toujours dans tout ce
« que j'ai dit à l'évêché de Grenoble, à Mgr.
« de la Rochelle, à M. l'abbé Bez, à M. Rous-
« selot, à M. Mélin, curé de Corps, et à tant
« d'autres, sur le fait de la Salette. En foi de
« quoi je signe la présente, prêt à l'attester
« sur la foi du serment.

Petit séminaire de Grenoble, le 2 novembre 1850.

Maximin Giraud.

« Au suplus, si j'ai fait à M. le curé d'Ars
« quelques révélations en confidence, qui
« l'empêche de croire à l'apparition de la Sa-
« lette ou qui concerne cet évènement, je

« l'autorise bien volontier à en donner con-
« naissance à MM. Rousselot et Mélin.

   « Au petit séminaire de Grenoble, le 6 no-
« vembre 1850.

« MAXIMIN GIRAUD. »

Joignons encore à ces pièces une lettre écrite à M. le curé d'Ars, par Maximin.

Elle fut écrite en réponse aux observations faites par le saint curé à MM. Rousselot, vicaire-général, et Mélin, curé de Corps, qui avaient été envoyés à Ars par Mgr. l'Evêque de Grenoble, dans le but de connaître avec précision et exactitude les circonstances du prétendu démenti.

   « MONSIEUR LE CURÉ ,

   « Vous venez de dire à M. le chanoine
« Rousselot, et à M. le curé de Corps, que je
« vous ai avoué n'avoir rien vu, et avoir
« menti en faisant mon récit connu, et avoir
« persisté trois ans dans ce mensonge en en
« voyant les bons effets.

   « Vous avez ajouté, Monsieur le Curé,
« que m'ayant demandé l'autorisation de faire

« part de cet aveu à Mgr. de Belley, et
« mon adresse pour pouvoir m'écrire s'il y
« avait lieu, je vous ai donné cette autori-
« sation et cette adresse, et puis qu'un ins-
« tant après j'ai retiré l'une et l'autre.

« Ce rapport, qui m'est dicté par M. Rous-
« selot, prouve que je n'ai su me faire com-
« prendre de vous, Monsieur le Curé ; et,
« permettez-moi de vous le dire en toute sin-
« cérité, qu'il y a un mal entendu complet
« de votre part.

« Je ne vous ai point voulu dire, Monsieur
« le Curé, et jamais je n'ai dit sérieusement
« à personne, *n'avoir rien vu*, et avoir
« menti en faisant mon récit connu, et avoir
« persisté trois ans dans ce mensonge en en
« voyant les effets.

« Je vous ai dit seulement, Monsieur le
« Curé, en sortant de la sacristie et sur la
« porte, que j'ai vu quelque chose, et que je
« ne savais pas si c'était la Sainte-Vierge,
« ou une autre dame. Dans ce moment, vous
« avanciez dans la foule, et notre entretien a
« cessé. Peu après, on m'a renvoyé près de
« vous, derrière l'autel, où vous confessiez
« un homme, pour vous demander de nou-

« veau si je devais retourner dans mon dio-
« cèse ou rester à Lyon. Vous m'avez répété
« que je devais retourner dans mon diocèse,
« et vous avez ajouté quelques paroles que je
« n'ai pu comprendre. Mais je ne vous ai
« aucunement entendu me parler de Mgr. de
« Belley, ni me demander mon adresse, et je
« suis certain de ne vous avoir pas donné
« cette adresse, ni prié d'écrire à Mgr. de
« Belley.

« Je fais et écris cette déclaration en mon
« ame et conscience, et je m'abonne à être
« chassé du Petit-Séminaire où je me trouve
« très-heureux, et même à tout souffrir, si
« cette déclaration est en quoique ce soit
« contraire à la vérité.

« Grenoble, 21 novembre 1850.

« MAXIMIN GIRAUD. »

Que diront maintenant les propagateurs
du mensonge, de l'imposture de Maximin ?
La main sur la conscience, qu'ils répondent : Maximin s'est-il démenti !... M. le
curé d'Ars l'a dit. Et M. le curé d'Ars est le
plus saint homme du monde ; oui, certaine-

ment, M. le curé d'Ars est un saint homme qui nous est donné à tous comme un modèle vivant de toutes les vertus chrétiennes et sacerdotales. Nous aimons à le répéter avec l'opinion publique, nous l'entourons de notre respect, de notre vénération, mais nous sommes obligés de dire avec Maximin : *Les saints prouvent bien qu'ils sont hommes, et ils se trompent comme les autres.*

Nous l'avons déjà dit au commencement, Maximin tomba entre mes mains, et y resta à peu près un mois, le jour même où il avait quitté le vénérable curé d'Ars.

Quelle dut être son attitude, en retournant tout-à-coup auprès de celui à qui il avait soutenu avec tant de force, de persévérance, d'obstination même le fait qu'il venait de nier le jour même, ou au moins la veille, à Ars : il va le fuir, il va se cacher, il va rougir au moins de honte et de confusion en paraissant en sa présence. Ainsi, aurait agi, nous n'en doutons pas, un imposteur de profession qui vient de reconnaître et d'avouer son imposture. Maximin fait mieux, il vient à moi, m'appelant par mon nom, aussitôt qu'il m'aperçoit, se jette dans mes bras, me couvre de ses baisers, me donne les témoignages les plus touchants de son affection et de sa tendresse. Il ne veut plus me quitter. La Providence me l'avait fait rencontrer, car une heure auparavant, j'ignorais sa présence à Lyon; la Providence me le confia, et j'en eus soin comme d'un dépôt précieux. Le soir même, il eut à subir de ma part un examen sérieux; je l'accablais de questions sur le fait en lui-même, je cherchais par tous les moyens possibles à pénétrer dans son âme, aussi fort, aussi décidé qu'il l'avait été quatre ans auparavant, il fut impénétrable. Un mensonge avoué depuis vingt-quatre heures, au plus, à un saint prêtre, était soutenu de nouveau avec un imperturbable sang-froid. Non, la nature n'est pas ainsi faite, et l'effronterie d'un enfant ne peut être portée à cet excès. Chose singulière, c'est qu'il ne se doutait pas même alors qu'il eût avoué son mensonge prétendu. Le plus petit soupçon ne lui en était pas venu, au moins, il ne le montrait ni dans son langage, ni dans ses gestes, ni dans ses manières, ni dans son caractère. Je voyais dans Maximin le même enfant léger, insouciant, toujours en mouvement, toujours actif, que j'avais vu à Corps, par deux fois, en 1847, et j'étais loin de penser que Maximin venait de confesser qu'il 'avait impudemment menti pendant quatre ans.

Au reste, Maximin n'était pas allé seul à Ars ; il y avait été charitablement accompagné avec sa sœur, jeune fille de vingt ans, par trois personnes respectables qui ne s'aperçurent pas plus que nous du prétendu démenti, qui n'en eurent connaissance ni à Ars ni à Lyon, où elles séjournèrent quelques jours, et qui s'intéressaient d'une manière toute spéciale à Maximin, à cause de son rôle de témoin dans le fait de l'apparition, et non à cause de son caractère de légèreté, d'étourderie, qu'elles ne manquèrent pas de nous signaler en le livrant entre nos mains.

Ainsi rien dans les paroles, rien dans les actes de Maximin, qui puisse dénoter qu'il vient de démentir un fait qu'il a soutenu plusieurs années avec une obstination des plus courageuses et des plus convaincantes.

Dirait-on maintenant, car nous devons aller au devant de toutes les difficultés que M. le curé d'Ars, doué des grâces les plus extraordinaires de Dieu, a lu dans le cœur de cet enfant le mensonge qui s'y était glissé depuis longtemps, qu'il a découvert la fourberie et l'imposture, sans avoir contraint Maximin à l'avouer.

D'un seul mot nous pourrions répondre à cette objection, qui, au fond, n'en est pas une. M. le curé d'Ars ne parle aucunement de cette seconde vue, dans sa lettre à Mgr. de Grenoble, il avoue seulement que l'enfant lui ayant dit qu'il n'avait pas vu la Sainte-Vierge, *il en avait été fatigué un couple de jours*. Et si le saint ecclésiastique dirigé par l'esprit de Dieu, en récompense de ses œuvres de piété, de son éminente charité, a vu le mensonge de Maximin, ne devait-il pas l'en avertir? Ne devait-il pas le reprendre, l'exhorter à quitter cet état, à sortir de cette situation, à déclarer la vérité? L'exhorta-t-il enfin à réparer le mal que son mensonge a dû faire à la religion? Mais le bon curé ne l'a pas fait, il s'est contenté de l'engager à correspondre par une conduite pieuse, à la faveur qu'il avait reçue; il le bénit, sans lui dire un seul mot qui puisse faire soupçonner qu'il le croit coupable de mensonge.

Il y a mieux : deux mois après, c'est-à-dire pendant le mois de décembre, une personne grave, pieuse, est envoyée à Ars, pour s'acquitter auprès de M. le curé d'Ars d'une commission ; elle s'adresse pour arriver jusqu'à lui à son vicaire, M. l'abbé Raymond. Celui-ci, sans autre préambule, s'empresse d'inviter le visiteur à ne point parler de l'affaire de la Salette à son saint curé. Et pourquoi cette défense ? nous l'ignorons, le fait est que le visiteur ne venait nullement dans cette intention. Cependant cette défense pique sa curiosité ; il rejoint le bon pasteur, s'acquitte de sa mission et n'a rien de plus pressé que de lui demander ce qu'il doit penser du fait de la Salette. Et le bon curé de répondre : *On peut y croire ou ne pas y croire.* Ces paroles interprêtées dans leur sens naturel, ne semblent-elles pas exclure toute supposition de défaveur attribuée à Maximin devant le digne curé d'Ars. Car, si Maximin avait démenti le fait pendant son séjour à Ars, si M. le curé eût été convaincu de ce démenti, nous le demandons, eût-il fait deux mois après, la réponse que nous venons de citer. N'eût-il pas dit, au contraire : Non, ne croyez pas ce fait, il nous a été démenti par un des deux temoins, par Maximin. C'est ici, enfin, que nous devons parler de l'entretien que Maximin eût à Ars, avec M. l'abbé Raymond, coadjuteur du saint curé.

Nous tenons pour certain que M. l'abbé Raymond n'a jamais donné son adhésion au fait de la Salette ; il n'est pas le seul qui le nie, il n'est pas le seul qui refuse d'en reconnaître la vérité. Mais nous voudrions qu'il eût une égale réserve pour l'honneur de Maximin, et qu'il ne se permît pas de dire à qui veut l'entendre, que cet enfant s'est reconnu menteur, que cet enfant lui a avoué que, pendant quatre ans, il en a imposé au public. Que s'est-il donc passé entre M. l'abbé Raymond et Maximin Giraud ! Une simple conversation à la fin de laquelle M. l'abbé, d'un ton assez haut, s'est écrié : Eh bien ! je ne crois pas à tout ce que vous me racontez !.... Vous êtes un menteur !.... Et l'enfant, de répondre comme il l'a fait maintes et maintes fois : Eh bien, n'y croyez pas !... Dites que je suis un menteur !

Veut-on savoir ce que racontait Maximin

à son retour d'Ars, au sujet de **M.** l'abbé Raymond ; le voici tel qu'une mémoire facile et heureuse a pu le conserver jusqu'à ce jour :

« M. l'abbé Raymond m'a tourné et re-
« tourné dans tous les sens... Il m'a dit que
« j'étais un menteur ; qu'il n'était pas vrai
« que j'eusse vu la Sainte-Vierge. Alors, je
« lui ai répondu : Eh bien, oui, je suis un
« menteur, si vous voulez, et je n'ai pas
« vu la Sainte-Vierge... Et puis, il s'est
« mis à me raconter que trois petites bergè-
« res avaient inventé une fable pareille, il
« y a 40 ans ; et qu'enfin, une de ces trois
« petites filles, qui en a maintenant 50,
« était venue tout récemment lui révéler ce
« mensonge ; et il disait que le prétendu
« miracle de la Salette était une invention
« du même genre. Alors, je lui ai dit :
« croyez-le, si vous le voulez. »

M. l'abbé Raymond, en répétant les paroles de Maximin, a-t-il soin de dire avec
quel ton railleur et ironique elles lui furent adressées ? A-t-il soin de dire qu'il était
à bout d'objections, qu'il ne savait plus

qu'opposer aux affirmations, à la fermeté de son jeune interlocuteur?

Comprend-il, M. l'abbé Raymond, qu'il n'est pas le seul homme d'esprit, le seul homme de piété qui ait soumis Maximin aux plus sévères investigations?

Ignore-t-il que des hommes de tout âge, de toute condition, de toute doctrine, de tous les pays, depuis quatre ans, ont interrogé Maximin, non une fois, et à la dérobée, mais plusieurs fois, mais souvent et avec un sérieux, avec une attention religieuse que rien ne peut égaler.

Quoi! M. Raymond n'a pas compris que ces paroles échappées à l'impatience de Maximin : *Ne le croyez pas, si vous voulez! dites que je suis un menteur, si cela vous plaît !* ou bien : *allons, c'est convenu ; je suis un menteur ;* il n'a pas compris, disons-nous, que ces paroles n'étaient que le moyen de terminer une conversation qui devient désagréable, et non pas un aveu formel d'un mensonge et d'une imposture.

Quoi! il ne lui est jamais arrivé de couper court à une chaleureuse discussion, en donnant en apparence raison à un adversaire, et

en lui concédant tout pour en finir ! Eh bien !
qu'il le sache maintenant , sans s'en douter ,
il a été mystifié par un enfant dont il croit
avoir triomphé. Un seul mot de Maximin a
suffi pour lui faire prendre pour une victoire
ce qui réellement n'était pour lui qu'une dé-
faite. Au reste, M. l'abbé Raymond est sujet
au cas. Nous l'engageons à relire dans une
lettre en date du 18 décembre dernier, adressée à M. le curé d'Ars , par une personne des
plus respectables de Grenoble, une note qui le
concerne et qui lui démontrera jusqu'à l'évi-
dence que l'on peut se tromper sur l'inter-
prétation de certaines paroles, comme l'on se
trompe souvent sur les gestes, ou sur les ac-
tions les plus ordinaires et les plus communes
de la vie.

Nous concluons donc sans craindre de nous
tromper que Maximin ne s'est point démenti
à Ars , ni auprès de M. le curé , ni dans la
conversation avec M. l'abbé Raymond; nous
concluons que ces Messieurs se sont laissés
entraîner à l'erreur l'un par l'habitude qu'il a
de croire sans arrière pensée à tout ce qu'il entend , sans penser qu'il n'est peut être pas
compris ; l'autre par ses préventions et par

un parti pris d'avance. Tous deux enfin n'ont pû conclure que Maximin avait menti pendant quatre ans.

Au reste Maximin n'est pas le seul témoin du fait de la Salette : Mélanie, la jeune bergère, existe encore, elle aussi certifie toujours ce qu'elle a soutenu depuis quatre ans : Voici ce qu'on nous écrit, de Grenoble sur cette intéressante jeune fille : « Je me plais à vous « le dire, monsieur, pour la consolation de « votre foi, l'autre témoin est irréprochable : « Mélanie contente de plus en plus ses maî- « tresses de Corme, et sa fixité et sa quiétude, « ce qu'il y a en elle de supérieur aux incer- « titudes des autres, ont suffi pour rendre, « comme par enchantement, si j'ose rendre « ainsi ma pensée, sa première foi à M. le « curé Gerin, que M. le curé d'Ars avait bou- « leversé. Mélanie, sans cependant s'en douter, « est dans une sorte d'oraison de dévouement « éminente et continuelle, qui se trahit cha- « que nuit dans son sommeil. C'est un cœur « qui a été blessé au moment de l'apparition « d'un dard embrasé qui y est resté, et ce « fait, à considérer le caractère grossier de « cette jeune fille, est à lui seul une preuve

« de premier ordre, qui ne cesse de gran-
« dir. »

Mélanie donc n'a pas cru devoir garder le
silence dans cette circonstance. Du fond de
sa retraite où elle se prépare à entrer dans l'état
religieux pour aller ensuite, si ses supérieurs
ecclésiastiques le lui permettent, instruire les
petites filles dans les missions étrangères, elle
a envoyé à M. le curé d'Ars la déclaration
suivante.

« Je soussignée Mélanie Mathieu, native de
« Corps, et âgée de 19 ans, atteste, pour
« rendre hommage à la vérité et pour la plus
« grande gloire de Dieu et l'honneur de la
« Sainte-Vierge, que j'ai toujours dit, que
« je dirai sans jamais varier, la vérité tou-
« chant l'événement de la Salette, du 19 sep-
« tembre 1846, et que s'il fallait prêter ser-
« ment sur ce que j'ai dit avoir vu et entendu
« alors, je le prêterais sans craindre d'offenser
« Dieu et d'être parjure.

« Couvent de la Providence de Mollard,
« 4 novembre 1850.

« MÉLANIE MATHIEU. »

Maintenant dira-t-on que Mélanie est aussi

coupable d'imposture et de mensonge ! Fera-
t-on l'injure à cette jeune et pieuse fille de
compromettre ainsi son honneur et sa réputation ! Ne peut-elle pas parler librement pour
la gloire de la vérité? Est-elle tenue en charte
privée? est-elle soustraite à tous les regards,
à toutes les investigations ?

Triste et malheureuse prévention ! On va
jusqu'à accuser l'autorité ecclésiastique de
Grenoble, un saint et vénérable évêque, tous
les membres de son chapitre, un professeur
de théologie morale de son séminaire, homme grave qui a passé sa vie au milieu des li-
vres, qui ne connaît le monde que ce qu'il
en faut pour condamner ses passions et ses
vices, et tous les autres professeurs. Oui, de
nos oreilles, nous avons entendu des impru-
dents les accuser tous de soutenir l'imposture et le mensonge des jeunes bergers. Des
esprits légers et irréfléchis répandent parmi
leurs adeptes qu'ils ont des preuves certaines
de la fausseté du fait de la Salette, qu'ils les
tiennent en réserve par respect pour la vieil-
lesse d'un prélat qu'ils craignent d'affliger.
Qu'il nous soit permis de le dire : nous con-
naissons assez le respectable évêque pour être

certain qu'il tient à la vérité plus qu'à la vie, et que l'injure qu'on lui fait en colportant des bruits sans fondements est un manque évident de respect à ses cheveux blancs et à son autorité épiscopale et sacrée.

Nous ne voulons pas terminer cette discussion sans faire entendre une voix plus forte que la nôtre, plus forte que celles de Maximin et de Mélanie en faveur du fait de l'apparition de la Salette.

Cette voix est celle des prodiges qui se sont opérés par l'intercession de Notre-Dame de la Salette.

On cite de nombreuses guérisons obtenues après l'usage de l'eau qui coule sans cesse de la fontaine, autrefois intermittente, auprès de laquelle les deux jeunes bergers ont vu et entendu la belle Dame, qu'ils reconnurent plus tard être la Sainte-Vierge.

Les adversaires de l'apparition nient ces guérisons, au moins ne les regardent-ils point comme des miracles. Nous n'avons nullement le droit de contester leur opinion, comme eux nous attendons la décision de l'Eglise qui doit à cet égard former notre jugement et confirmer notre foi : nous ne voulons point anticiper sur l'avenir.

Cependant, commettons-nous encore une imprudence en pensant qu'un si grand nombre de faits, au moins extraordinaires, attestés par des témoins irrécusables, par des témoins qui n'ont aucun intérêt dans cette affaire, forment un faisceau de lumière capable de jeter un grand jour sur l'apparition en elle-même. Et quand au milieu de tous ces faits prodigieux, il n'y en aurait qu'un qui portât avec lui la marque d'un miracle véritable, ne serait-ce pas assez pour confirmer la sincérité des deux jeunes bergers, pour attirer davantage la pieuse attention des fidèles, et arrêter les déclamations au moins imprudentes de certaines personnes, contre le fait de l'apparition.

Or, voici ce que tout le monde peut lire dans les *Nouveaux documents sur l'événement de la Salette*, imprimés avec l'approbation de Mgr l'évêque de Grenoble, en 1850, page 151.

— Depuis 17 ans, Antoinette Bollenat, dans le diocèse de Sens, était malade d'une maladie inguérissable aux yeux des médecins; elle fait une neuvaine à Notre-Dame de la Salette, elle boit de l'eau de la Salette;

à la fin de la neuvaine, elle trouve aussi la fin de ses souffrances, elle est guérie, et après quinze mois d'informations, d'enquêtes, de recherches, Mgr de Sens prononce le décret suivant :

« Mellon Joly, par la miséricorde divine et la grâce du saint siège apostolique, archevêque de Sens, évêque d'Auxerre, primat des Gaules et de Germanie.

Vu le rapport de la commission nommée par nous le 24 janvier 1848, pour procéder à une enquête juridique sur les faits relatifs à une guérison extraordinaire arrivée à Avallon, le 21 novembre 1847, sur la personne d'Antoinette Bollenat, après une neuvaine à la très Sainte-Vierge.

Vu les interrogatoires des témoins et médecins, en date des 7, 8 et 14 février 1848 ;

. Vu les certificats et pièces annexés à ces interrogatoires ;

Vu le rapport présenté à nous le 20 février 1849, par M. l'abbé Chauveau, notre vicaire-général, chargé par nous de l'examen de cette affaire et d'en discuter les faits ;

Vu les conclusions du rapport, après avoir pris l'avis de notre conseil ;

Le saint nom de Dieu invoqué,

Déclarons, pour la gloire de Dieu, la glorification de la Très-Sainte-Vierge et l'édification des fidèles, que la guérison d'Antoinette Bollenat, opérée le 21 septembre 1847, après une neuvaine à la Très-Sainte-Vierge, Mère de Dieu, *invoquée sous le nom de Notre-Dame de Salette*, présente toutes les conditions et tous les caractères d'une guérison miraculeuse, et constitue un miracle du troisième ordre.

Donné à Sens, sous notre seing, le sceau de nos armes, et le contre-seing de notre vicaire-général, secrétaire particulier, le 4 mars de l'an de grâce 1849.

Signé : † MELLON,
Archevêque de Sens.

Par mandement de Mgr. l'archevêque,

E. CHAUVEAU, *vicaire-général.*

Voilà donc un miracle que l'on ne peut nier, qui ne peut pas même être contesté sans accuser de légèreté un éminent prélat de l'Eglise de France.

Ce miracle est obtenu par l'intercession de la Très-Sainte-Vierge, Mère de Dieu, *invoquée sous le nom de Notre-Dame de la Salette.*

Le miracle même du troisième ordre ne peut être que l'œuvre de Dieu, autrement il ne serait point miracle; or, la guérison d'Antoinette Bollenat étant l'œuvre de Dieu, il s'ensuivrait que Dieu aurait opéré ce prodige pour confirmer le mensonge des deux jeunes bergers, supposé qu'ils n'eussent ni vu ni entendu ce qu'ils disent avoir vu et entendu sur le Mont-aux-Baisses, puisqu'il est constaté qu'Antoinette Bollenat a obtenu cette guérison miraculeuse par l'intercession de la Sainte-Vierge, *invoquée sous le nom de Notre-Dame de la Salette.*

Cette conclusion ne serait-elle pas impie, injurieuse à Dieu, blasphématoire! En sorte que nous avons, je crois, raison de dire que la voix de Dieu est venue se joindre à celle des deux bergers pour proclamer la vérité, l'authenticité du fait de l'apparition à la Salette.

Nous allons plus loin, et nous ne craignons pas nous tromper, en affirmant que maintenant s'il nous était prouvé que Maximin s'est démenti, nous soutiendrions avec autant de force qu'il est à présent menteur après avoir dit la vérité pendant quatre ans consécutifs, que nous osons soutenir qu'il dit et qu'il a dit toujours la vérité depuis le 19 septembre 1846 jusqu'à ce jour. Car à présent, à l'âge où il est parvenu, il serait plus sensible à l'appât du gain, aux flatteuses espérances de l'ambition, à l'intérêt, qu'il n'était alors. Les motifs humains auraient plus d'empire sur son cœur, plus d'influence sur son âme et sur son esprit.

Au reste, nous soumettons notre manière de voir, notre jugement, à Mgr de Grenoble, le seul juge dans cette affaire importante aux yeux de l'Eglise et de la religion, et nous nous en rapportons entièrement à sa décision.

Mais à toutes les raisons que nous venons de développer, et qui prouvent évidemment que Maximin ne s'est point démenti à Ars, ni dans son entretien secret avec le saint et vénérable curé, ni dans sa conversation avec M. l'abbé Raymond, vicaire, nous pouvons en joindre une plus forte, couper court à toute discussion, et faire taire désormais

toutes les calomnies débitées avec trop de légèreté depuis trois mois.

Nous apprenons à l'instant, et de science
certaine, que Mgr. de Grenoble, ayant écrit
à Mgr. de Belley, afin d'arrêter le mal pro-
duit par le prétendu démenti de Maximin
Giraud, auprès de M. le curé d'Ars, Mgr.
de Belley, de concert avec NN. SS. de
Valence, de Viviers, et avec Mgr. Chalandon
son coadjuteur, a répondu ce qui suit, à la
date du 15 janvier.

« 1° Nous regardons toujours comme as-
« suré que les deux enfants ne se sont pas
« entendus, et qu'ils ont réellement vu un
« personnage qui leur a parlé.

« 2° Est-ce la Sainte-Vierge ? Tout porte à
« le croire ; mais cela ne peut être cons-
« taté que par des miracles différents de
« l'apparition. »

Nous pouvons donc justement conclure :
Maximin ne s'est jamais démenti. Tous les
bruits qui ont été répandus à ce sujet, sont
des bruits calomnieux. Le démon qui s'a-
charne toujours contre les œuvres de Dieu,
a fait son métier.

Les personnes qui, les premières, ont été

les auteurs de ces calomnies **en** ont été la cause innocente, ou au moins ont été trop légères dans leur jugement ; nous sommes convaincus qu'elles mettront autant d'ardeur à les réparer, qu'elles en ont mises à les répandre.

Nous le désirons de tout notre cœur.

FIN.